AF509780

# MEMOIRE

*Contenant les Moyens d'atténuation de* SALOMON ULLMANN, *Juif de Dürmenach, contre la Pro-cédure extraordinairement inftruite contre lui, au Baillage d'Hirfingen.*

DEPUIS près de douze ans, je donne à la Capitale & à la Province le Spectacle touchant d'un Innocent, que la Juftice a frappé de fon Glaive, pour épargner la tête d'un coupable favorifé.

Il y a longtems que j'aurois déchiré le voile funefte que mes Perfécuteurs ont répandu fur leurs vexations; mais l'ordre judiciaire ne me préfentoit que des moyens dont l'ufage m'étoit impoffible, vû que celui qui avoit le plus grand interêt à me perdre, étoit devenu l'arbitre de mon fort. Ma fituation étoit telle, que je ne pouvois pas faire un pas pour ma juftification, fans tomber entre les mains de mon ennemi.

A

Une famille confternée , qui éprouvoit tous les jours des effets nouveaux de l'animofité de celui qui perfécutoit fon Chef, m'invitoit fans ceffe à rentrer dans fon fein. L'indignation publique fixée fur mes adverfaires me crioit de me hater de démasquer l'impofture ; les gens de bien, qui avoient fû fe garantir des erreurs de la prévention, m'offroient des fecours & leur appui ; le fentiment de mon innocence plus que tout cela m'embrafoit du defir de me jetter aux pieds de mon Juge pour réclamer mon honneur & mes biens : mais quel étoit ce Juge ? je n'y puis penfer fans effroi.

Un Citoyen généreux qu'un mérite diftingué conduit d'un pas rapide au faîte des grandeurs, a bien voulu m'accorder fa protection. C'eft par le canal de cette main bien-faifante que j'ai fait parvenir jufqu'au Trône le récit abrégé de mes difgraces. Réduit à n'avoir autre chofe à demander, qu'un Juge intégre & impartial, devant lequel je puffe me juftifier des crimes qu'on m'impute, mon ame en proie depuis fi longtems aux agitations, a pû enfin s'ouvrir aux douceurs de la tranquilité, lorfque j'ai fû que l'examen de ma conduite étoit attribué au Confeil.

Quoique j'euffe demandé moi-même des fers, j'avouë ingénuement que je n'en ai pas fenti le poids fans frémir ; tout raffuré que j'étois par le témoignage de ma confcience, je ne me fuis pas diffimulé qu'un jugement qui me condamnoit aux galéres à perpétuité, fuppofoit au moins un crime prouvé par des témoins féduits ; mais je me flattois de diffiper le preftige, & de faire triompher la vérité au moment terrible de la confrontation.

Le dépôt myftérieux des preuves m'a enfin été ouvert. Qu'elle a été ma furprife, de n'y trouver ni corps de délit qui pût faire la baze d'une procédure à l'extraordinaire, ni défignation d'aucun coupable.

Les dépofitions des témoins fe font gravées profondément dans ma mémoire, j'en releverai fidélement toutes les circonf-

tances, pour mettre au plus grand jour le motif qui a fait con-
fpirer ma perte. Le Confeil verra avec étonnement un Juge
éclairé, faifir avec avidité l'accufation d'un crime, qui en le
fuppofant formé dans mon intention, n'étoit confommé par
aucun acte extérieur; tandis qu'il avoit fous fes yeux un Officier public taxé d'infidélité dans la rédaction d'un Teftament.
La Juftice demandoit une victime; fon bras étoit levé pour
punir le Prévaricateur qui avoit abufé de fon miniftère : les
coups ont été détournés, & pour rendre plus certaine l'im-
punité de ce coupable chéri, on les a fait tomber fur ma tête,
parceque j'étois fon Accufateur.

Ce n'eft point un efprit de vengeance, qui m'engage à
compromettre mon Juge & ma partie fecrette; je dois ce facri-
fice à la néceffité d'une défenfe légitime, & fi je fuis obligé
de dire des vérités qui doivent les faire rougir, je ne fais
qu'anticiper fur l'opinion que l'examen de la procédure donnera
au Confeil de leur conduite. Il eft à-propos de prendre les
chofes dès l'origine, il n'y a rien d'indifférent dans tout ce qui
s'eft paffé, le manège & l'intrigue s'y montrent de toutes
parts.

Feu *Ignace Jelfch*, Bourgeois & Laboureur d'Hirfingen,
n'ayant point eû d'enfans de fon mariage avec *Gertrude Demuth*,
fit un codicile par-devant le Notaire de Landfer le 31 May 1757,
par lequel il légua à fa femme l'ufufruit viager de fes biens.

Peu de tems après cette difpofition de dernière volonté,
ce particulier éprouva un effet funefte de la paffion qu'il avoit
pour le vin. Le 27 Juillet de la même année il en avoit bû
jusqu'à un tel excès, que ne pouvant fe foutenir fur fon cha-
riot, il fe laiffa tomber, & pour comble de malheur une des
rouës, après lui avoir froiffé la poitrine, lui brifa la nucque du
col.

Rapporté chez lui en cet état, les douleurs du corps &
l'abfence de l'efprit, ne lui permettoient guères de pouvoir
s'occuper de fes affaires temporelles; ce fut cependant ce pre-

mier moment que Gertrude Demuth & le Greffier d'Hirfingen choifirent pour faire fon Teftament. Le malheureux étoit fi peu en fituation de tefter, que quoiqu'il fçût écrire, on ne pût tirer de lui qu'une marque très-informe: il mourut dans l'après-midi du lendemain.

Ses freres & fœurs appellés par la voix du fang à fa fucceffion, ne crurent pas devoir s'en laiffer priver, par refpect pour un acte qui étoit notoirement l'ouvrage du dol & de la furprife; mais le crédit de leur adverfaire leur fit craindre d'échouer. Deux procès que j'avois gagnés contre le Sieur Hell en cas à peu près femblables, me firent envifager comme un homme utile à leurs interêts; ils me confiérent le foin d'attaquer le prétendu Teftament de leur frere, & me promirent, fi je réuffiffois, une portion d'héritier.

Je me rendis fans délai à Colmar, où j'affemblai un Confeil prudent. Le réfultat de fa délibération fût, que quoiqu'une infinité de circonftances invitat à fufpecter les dernières difpofitions de feu Ignace Jelfch, néanmoins l'acte, qui les renfermoit, étoit foutenu par l'autorité de la loi; qu'il ne pouvoit être détruit que par l'infcription de faux, mais que cette voye étant très-périlleufe, il falloit, avant que de l'embraffer, être presque certain d'avoir les preuves néceffaires pour la rendre efficace; que fi je pouvois en réunir un nombre fuffifant, je ferois fondé à agir au Baillage d'Hirfingen contre Gertrude Demuth, en délivrance de la fucceffion de fon Mari; que je ferois débouté de cette demande, parceque la préfomption de fidélité que la loi attache aux actes des Notaires l'emporteroit; mais que j'interjetterois appel au Confeil, où je ferois ufage de tous mes moyens avec plus de fûreté.

En conféquence de cette inftruction je me mis à la recherche de la vérité. C'étoient les témoins numéraires du Teftament de feu Ignace Jelfch, qui en avoient la connoiffance la plus éxacte; mais il n'étoit pas facile de les faire parler, parceque comme co-opérateurs du Greffier, ils avoient le plus grand interêt à cacher le fecret d'une intrigue , dont la révélation les expofoit à la cenfure de la Juftice.

Je m'addreffai néanmoins à la plûpart d'entre eux , non dans la vûë de les corrompre , comme j'en ai été fauffement accufé ; & ce que j'appris de leur bouche me parut fuffifant , pour authorifer les héritiers ab inteftat d'Ignace Jelfch à revendiquer fa Succeffion.

Gertrude Demuth ayant été affignée , la caufe fut portée par-devant le Baillif de Hirfingen le 14.ᵉ Juillet 1759. les moyens de la demande confignés dans la Requête introductive , dont la minutte eft de la main de feu M.ᵉ Bruges , confiftoient principalement en ce qu'Ignace Jelfch s'étoit trouvé dans un état à ne pouvoir prononcer fenfé ment & intelligiblement l'un après l'autre les différents articles , dont fa prétenduë difpofition eft compofée.

L'héritière inftituée s'eft fait , comme de raifon , un bouclier du Teftament.  Elle a foutenu qu'il ne pouvoit être légitimement impugné que par la voie de l'infcription de faux , & que fi les Demandeurs avoient des moyens pour en combattre la fidélité , je n'aurois pas cherché à fuborner les témoins, pour leur faire dépofer que le Teftateur n'a pas dicté ce que le rédacteur a écrit

L'on ne vouloit pas engager en premiere Inftance l'examen de la fauffeté du Teftament ; l'on ne demandoit au Bailly qu'une fentence bien facile à rendre; car il ne pouvoit que confirmer un acte authentique, auquel on n'oppofoit qu'une fimple affertion d'infidélité deftituée, jufques là, de preuves.  Il en auroit certainement ordonné l'exécution fans s'arrêter au reproche paffager de fubornation que l'on me faifoit, mais la confultation que j'avois fait faire à Colmar , & qui étoit jointe aux piéces, l'a averti que l'on ne s'étoit pourvû par-devant lui que pour remplir le vœu de l'ordre public, & que l'on fe propofoit de referver les moyens efficaces, pour le tems où le Confeil feroit faifi du différend.

A 3

En laiffant fubfifter le cours naturel des chofes , le Juge voyoit fon Greffier en proye à une accufation fameufe, de laquelle le bruit public n'annonçoit pas qu'il dût fe tirer avec avantage. Que fit-il pour le fauver ? aulieu de prononcer fur une action purement civile , il continua la caufe avec le Procureur-Fifcal.

Un efprit non-prévenu fe feroit perfuadé, que l'intention du Baillif d'Hirfingen étoit de mettre la partie publique en fituation d'éclaircir la manœuvre, que M.ᵉ Hell étoit taxé d'avoir pratiquée, au fujet du Teftament d'Ignace Jelfch ; c'étoit effectivement le feul point de la caufe interreffant pour la fociété : mais la fuite a fait connoître qu'il avoit des vûës toutes oppofées, & que pour garantir le Sieur Hell du péril qui le menaçoit, il a crû indifpenfable de me mettre hors d'état de lui pouvoir nuire.

Cela s'eft manifefté par le Requifitoire que Morand Banwart Procureur-Fifcal a donné peu de jours après. Il a vû dans la fentence du 14.ᵉ Juillet , que le Greffier Hell étoit accufé d'avoir violé la foi publique ; ce crime ne lui a pas parû mériter fon attention. Il a remarqué dans le même Jugement que Gertrude Demuth avoit gliffé dans fes défenfes, que j'avois voulu corrompre les témoins qui ont fignés le Teftament d'Ignace Jelfch ; cette découverte, qui ne préfentoit tout au plus qu'une intention non-confommée de pêcher contre la loi, a cependant échauffé fon zéle, il a demandé & obtenu la permiffion de faire informer.

Les Témoins teftamentaires font du nombre de ceux qui ont été entendus ; le Confeil jugera par leurs dépofitions du cas que le Baillif d'Hirfingen devoit faire de l'accufation. Cependant il a réglé la procédure à l'extraordinaire, & après l'avoir inftruite, il m'a déclaré atteint & convaincu d'avoir voulu fuborner les Témoins qui ont affifté au Teftament d'Ignace Jelfch , pour réparation de quoi il m'a condamné aux galéres à perpétuité. Sigismond Jelfch l'un des héritiers ab inteftat avoit été impliqué dans le procès ; les informations prouvent même qu'il s'étoit beaucoup plus avancé que moi ; mais comme le Sieur Hell penfoit avoir moins à craindre de lui, il n'a été condamné qu'à l'admonition, & folidairement aux dépens. L'appel qu'il a interjetté au Confeil de ce jugement a calmé la fougue du Procureur - Fifcal, ou pour mieux dire de fes inftigateurs. Ils étoient parvenus à m'obliger à un exil volontaire, il ne leur en falloit pas d'avantage pour les raffurer ; ils ont laiffé Sigismund Jelfch en repos.

Le reffentiment du Sr. Hell ne s'eft point borné à me perfécuter, il s'eft répandu fur toute ma famille, & il a fourni entr'autres un exemple cruel des excès, dont les paffions rendent les hommes capables.

Nathan Ullmann, Juif de Dürmenach, fut infulté en fortant de la Sinagogue par Jofeph Stempffel, qui lui arracha par dérifion les dix Commandements qu'il portoit fur fa poitrine. Il fe plaignit au Prévôt du lieu qui étoit préfent, & qui lui répondit, qu'il étoit affez grand pour fe défendre. Authorifé par celui qui étoit chargé de l'obfervation de la Police, Ullmann fit mine de vouloir fe venger de l'injure qu'il venoit de recevoir, mais Aaron Haufer & Meyer Ullmann féparérent les Combattans fans qu'il y eût ni contufion ni fang répandu. Auffi Jofeph Stempffel continua-t-il à vacquer à fes affaires ; on le vit même porter des facs de grains fur fon col jusqu'à une demi - lieuë de Dürmenach. Plufieurs jours après M.e Hell, devenû Bailly de ce village, ayant été inftruit de la querelle, profita avec empreffement de l'occafion de faire de la peine à mes parens. Il fut trouver Stempffel, & lui dit qu'il lui feroit avoir de l'argent, qu'il ne lui demandoit autre chofe que de fe mettre au lit & de contrefaire le malade. Stempffel obéit, & pour rendre la fcène plus naturelle, Chriftophe Mengis, Chirurgien non-juré, lui fit prendre une médecine pour effacer de fa figure les traces de la fanté, dont il jouïffoit. Ce malade forcé crût pouvoir fe faire un jeu du remède comme de la maladie, il avala plus de quatre pots de vin & d'eau fraiche, ce qui lui caufa une révolution qui le fit mourir fubitement.

Cet accident, qui auroit dû confterner M.<sup>e</sup> Hell, ne fe préfenta à lui que comme un nouveau prétexte, qui le mettoit en fituation de fe fatisfaire. Le cadavre de Stempffel fut vifité par le même Mengis qui lui avoit donné la mort, & par deux autres Chirurgiens. Comme il ne paroiffoit aucuns fignes de violence, l'on fit dire aux trois Efculapes de campagne dans leur Rapport, qu'il étoit à préfumer que le défunt étoit mort d'un contre-coup. Cependant M.<sup>e</sup> Hell informa, & après une Procédure complettement inftruite par contumace, il déclara Nathan & Meyer Ullmann & Aaron Haufer homicides de Jofeph Stempffel, pour réparation de quoi il condamna le premier à être pendu, & les deux autres aux galéres à perpétuité, ce qui fut exécuté par effigie.

Quelque fabuleux que paroiffe ce récit, il eft néanmoins conforme à la vérité, & l'on affure que la veuve Stempffel dit publiquement, que c'eft le Sieur Hell qui a caufé la mort de fon mari, & qu'elle eft prête à le confirmer par fon témoignage.

Toute la contrée a gémi du fort des trois malheureux Juifs; les Prépofés de la Communauté leur ont donné un certificat, à la faveur duquel ils ont été reçus comme des innocens opprimés dans les terres de Mr. le Margrave de Baaden. M.<sup>e</sup> Hell, foit par un excès de haine, foit par frayeur, leur a envié la protection de ce Prince, à qui il a addreffé plufieurs lettres & mémoires, dont le but étoit de les faire chaffer; mais la vérité ayant pris leur défenfe par l'organe de différentes perfonnes de confidération, Mr. le Margrave les a confervés.

Lorsque M.<sup>e</sup> Hell a fû que je follicitois à Paris des lettres d'efter à droit, & un Juge pour pouvoir purger ma contumace; l'hiftoire des trois Juifs s'eft retracée dans fa mémoire en traits propres à le faire trembler. Dans la jufte appréhenfion où il étoit, que ma conduite ne leur fervit d'exemple, il propofa à leurs parens de leur faire venir des Lettres de Grace. Quoiqu'il fût le plus interreffé à les obtenir, il ne voulut pourtant pas y travailler gratuitement, car il fe fit promettre, en cas de réuffite, une fomme de douze cent livres en fus des frais. Il

eft

eſt vrai qu'il n'eſt ni nommé ni ſigné dans l'accord qui fut fait à ce ſujet le 23.ᵉ Octobre 1767, mais cette piéce eſt écrite entièrement de ſa main, & il y eſt dit que les cinquante Louis d'or ſeroient pour celui qui remettroit les Lettres de Grace. Pourquoi auroit-on gardé l'anonime, ſi ce n'eut été pour ménager le Sieur Hell? il a ſans doute refléchi du depuis qu'il s'étoit engagé lui-même dans le piége, parceque ces Lettres ne devoient être entérinées que ſur le vû des charges & la repréſentation des condamnés, ce qui l'auroit expoſé de trop près aux regards de la Juſtice. Il a rendu l'accord à Alexandre Hauſer, qui me l'a délivré, en conſéquence d'une ſommation que je lui ai fait faire par acte du 15. May dernier: il ſera produit.

Quand je fus de retour en cette Province, le Sieur Hell qui voyoit l'orage prêt à fondre ſur lui, crût devoir prendre des précautions pour ſa ſûreté. L'Huiſſier Hoffmann envoyé de ſa part, s'introduiſit accompagné de deux records armés, dans ma maiſon pendant mon abſence, & fit main baſſe ſur tout ce qu'il trouva de papiers ſans en dreſſer Procès-Verbal. Averti à mon retour de cette nouvelle violence, je le fis ſommer par un acte, joint au procès, de me reſtituer mes papiers, & de me ſignifier copie tant de ſon exploit que du Jugement en vertu duquel il avoit opéré. Il répondit ſur le champ à l'Huiſſier Blanchard, que c'étoit en vertu d'une ſentence renduë par Mrs. Kieffer, Neeff & Tetû, dont il n'a point accuſé la date qu'il s'étoit rendu à Dürmenach pour faire perquiſition de ma perſonne à la Requête du Procureur-Fiſcal d'Hirſingen; qu'il avoit effectivement trouvé dans ma maiſon un imprimé & d'autres papiers attachés les uns aux autres, qu'il en avoit dreſſé ſon Procès-Verbal & l'avoit dépoſé au Greffe.

Sur la Requête que j'ai eu l'honneur de préſenter au Conſeil pour obtenir la reſtitution de mes papiers, il a été rendu Arrêt qui a ordonné que Hoffmann ſeroit aſſigné pour être ouï. Je ne ſerois pas étonné qu'il eût démenti ſa réponſe dans ſon interrogatoire, parceque je ſuis inſtruit que l'on a fabriqué après coup un décret, qui donne à ſa démarche un tout autre prétexte que celui qu'elle avoit effectivement; fi cela eft, je laiffe à deviner en faveur & à l'inftigation de qui ce Sergent feigneurial en a impofé à la Juftice.

Depuis que je fuis en prifon, ma femme & mes enfans ont éprouvé de nouveaux effets de la haine du Sieur Hell. Ma famille longtems difperfée, s'étoit réunie à Dürmenach dans la maifon de la veuve de Jean Rich, Annabaptifte, en attendant que je puffe la rétablir dans la mienne. Le Sieur Hell Bailly de Dürmenach a fuggéré au Procureur-Fifcal de fon fiége un Réquifitoire, tendant à ce que cette veuve fût condamnée en 1000. livres d'amende, pour avoir donné retraite à mon époufe & à mes enfans.

Cette pourfuite vexatoire étoit fondée fur ce que la veuve Rich avoit des domeftiques chrétiens, qui fuivant un Arrêt de Règlement du Confeil ne pouvoient pas habiter fous un même toit avec des Juifs. C'eft ainfi que les paffions fçavent mettre tout à profit, & emprunter les dehors de la Juftice pour mafquer leurs excès.

Le Bailly de Dürmenach n'a point prononcé d'amende contre la veuve Rich, ce n'étoit pas à elle qu'il en vouloit; il s'eft contenté de la condamner à expulfer fes hôtes dans le mois, fi mieux elle n'aimoit renvoyer fes domeftiques chrétiens, ce qui étoit impratiquable, puifqu'en les congédiant avant le terme, elle eût été obligée de leur payer les gages de toute l'année. Elle a fenti l'injuftice de cette condamnation; mais comme elle n'avoit donné azile à des malheureux que par un pur mouvement de charité & fans aucunes vûës d'intérêt, elle n'a pas crû que l'humanité exigeat qu'elle foutint un procès au Confeil; de façon que ma famille étoit au point de ne favoir où fe mettre à l'abri des injures de l'air. J'ai ofé me plaindre au Confeil de cette Barbarie, & par Arrêt du 27 Avril dernier, ma femme & mes enfans ont été autorifés à demeurer chez la veuve Rich, jufqu'après le Jugement du Procès; avec défenfes au Procureur-Fifcal d'y porter obftacle fous peine de défobéïffance, fi mieux il n'aime leur fournir une habitation affurée, dont il fera refponfable.

Je n'ai point tracé le détail des perfécutions du Sr. Hell
pour répandre la pitié dans l'ame de mes Juges, & les difpofer
par-là en ma faveur. Je fais, (& çà été le fondement de ma
confiance) je fais, dis-je, que le Confeil pefe les actions des
citoyens au poids du Sanctuaire, fans acception des perfonnes.
Je n'ai prétendu intereffer que fa Juftice, & fi je m'en fuis
promis d'heureux effets, lorsque j'ignorois encore pour quel crime
j'ai été condamné, les lumières que j'ai acquifes du depuis font
bien propres à fortifier mes efpérances.

Pour juger du mérite d'une procédure criminelle, il faut
examiner d'abord s'il y a un corps de délit, dont l'exiftance foit
bien conftatée ; car ce feroit en vain que la Juftice chercheroit
un coupable, s'il n'y avoit pas de crime, dont la fociété deman-
dat fatisfaction ; le crime dont je fuis accufé, eft d'avoir voulu
fuborner & corrompre les Témoins qui ont fignés le Teftament
de feu Ignace Jelfch. Ce crime eft un de ceux qui ne laiffant
aucunes traces vifibles, ne peuvent fe manifefter que par la
dépofition des Témoins. C'eft donc dans l'information qui a
été faite, qu'il faut chercher, fi je me fuis effectivement rendu
coupable de fubornation. Si elle préfente une preuve légale
de ce fait, il formera en même-tems & le corps du délit &
ma conviction ; mais fi l'on n'y trouve rien qui puiffe caracté-
rifer la féduction, la procédure ne fera plus que le vil fruit de
la calomnie.

Deux chofes font liées effentiellement à l'idée d'une fubornation de Témoins. La première que le corrupteur ait folli-
cité à porter témoignage contrairement à la vérité ; la feconde
que, pour parvenir à fon bût, il ait cherché à captiver les Témoins par l'interêt, en leur faifant des préfents ou des promeffes, ou par la crainte, en leur faifant des ménaces capables de
les ébranler. Le cœur humain n'eft pas acceffible à la perver-
fité pour le feul plaifir d'être méchant ; il ne reçoit les impref-
fions du mal, qu'autant qu'il peut lui en réfulter quelque bien.
L'on tenteroit inutilement de porter l'homme à commettre un
crime, qui pourroit l'expofer à perdre fa liberté, fon honneur

& ſes biens, ſi l'on ne plaçoit pas au-devant de cette perſpective effrayante, un avantage aſſez conſidérable pour fixer uniquement ſon attention & l'étourdir ſur les dangers.

Le faux témoignage eſt une action honteuſe, pour laquelle chacun ſe ſent une répugnance inſpirée par le ſeul inſtinct de la nature. Seroit-il poſſible d'engager quelqu'un à la faire, ſans lui offrir un appas qui pût en effacer ou du moins en affoiblir la turpitude à ſes yeux ? auſſi tous les criminaliſtes penſent-ils que la ſubornation ne réſulte pas d'une ſimple invitation faite au Témoin de dépoſer contre la vérité, ſurtout lorſque celui qui invite n'a ſur le Témoin ni autorité ni puiſſance: il faut, pour caractériſer ce crime, que le ſéducteur ſoit convaincu d'avoir mis en uſage des moyens propres à rendre la ſéduction utile à celui qui s'y laiſſe entrainer. Si l'amour de la vérité, qui eſt naturel à tous les hommes, n'eſt point combattu dans leur ame par un attrait aſſez puiſſant pour le détruire, & que le Témoin ſe livre au parjure par l'effet de ſa propre corruption, il n'y a point d'autre coupable que lui, parcequ'ayant jouï en plein de ſa liberté, il doit être ſeul reſponſable du mauvais uſage qu'il en a fait. Ce que je viens de dire ſeroit vrai, dans le cas même où les Témoins, que je ſuis accuſé d'avoir ſéduit, auroient été entendus en Juſtice, & y auroient porté faux témoignage. Mais je ſupplie le Conſeil de vouloir bien faire attention, que dans la pourſuite de la demande formée au ſujet du Teſtameut d'Ignace Jelſch, il n'y a eû ni Information, ni Enquête, ni Interlocutoire rélatifs à la fidélité de ce Teſtament ; il ne pourroit donc y avoir dans mon fait, qu'un ſimple projet de Subornation. En ſuppoſant contre les opinions reçuës, que cette volonté dût me faire encourrir les peines attachées à la conſommation du Crime ; encore faudroit-il que j'euſſe induit les Témoins à dépoſer conformément à mes vûës, & contrairement à la vérité, en leur faiſant des préſents, des promeſſes ou des menaces.

Ma Juſtification doit donc dépendre de l'éclairciſſement de deux faits ; le premier, ſi j'ai prétendu que les Témoins numé-

raires du Teftament d'Ignace Jelfch fiffent de fauffes déclarations: le fecond, fi je les ai excités au parjure par l'interêt ou
par la crainte.   C'eft la réunion de ces deux faits qui caractérife la Subornation; car il n'y a point de crime à donner de
l'argent ou à en promettre pour découvrir la vérité, tout comme il n'y en a point à engager un Témoin à dépofer contre
le témoignage de fa confcience, lorfqu'on lui laiffe une liberté
entière de s'y refufer.

Avant de difcutter les preuves, il eft bon d'obferver, que,
d'accord en cela avec le public, j'étois convaincu comme je le
fuis encore, qu'Ignace Jelfch étoit incapable de tefter, au moment où M.ᵉ Hell a rédigé fon prétendu Teftament, que çà
été dans cette opinion qui n'étoit que trop fondée, que j'ai
dirigé toutes mes démarches, & que je ne les ai faites que
par l'avis de mon Confeil, qui m'a fait connoître combien il
y a de danger à impugner de faux un Acte public, fans s'affurer préalablement des moyens propres à faire réuffir cette
tentative.

Après cette obfervation, dont la vérité réfulte de l'information même, j'entre avec confiance dans l'examen des dépofitions des Témoins, fur la foi defquels j'ai été condamné, & je
me flatte de parvenir à prouver, qu'il ne faut que ces mêmes
dépofitions pour mettre au plus grand jour mon innocence, &
la malice de mes adverfaires.   Je ne retracerai pas ici les reproches qu'une fage prévoyance m'a fait propofer, parceque
je crois qu'ils me font abfolument inutiles; en tout cas j'en ai
exprimé les caufes & les moyens dans ma confrontation, & je
m'en rapporte à ce fujet à la prudence de mes Juges.

Je divife les Témoins en trois claffes.   La premiere com-
prend ceux qui ont fignés le Teftament; la feconde ceux qui
n'y ont pas affifté, & je place dans la troifieme les femmes &
les enfans des Témoins numéraires.   Ceux-ci ne font que ré-
péter, ce qu'ils ont ouï dire à leurs péres & à leurs maris;
leurs dépofitions forment donc un double emploi.   Ceux de la

feconde claffe ne favent rien , ainfi il n'y a que ceux de la premiere , dont il foit important d'apprécier les dires.

Ils avoient à dépofer des faits de fubornation , dont étoit
plainte , & non des circonftances rélatives à la confection du
Teftament d'Ignace Jelfch, dont l'infidélité n'étoit pas encore
déférée à la Juftice : néanmoins par une affectation , dont le
motif fe fait bien aifément appercevoir , il n'y en a pas un
feul , à qui l'on n'ait fait faire un récit très-long & très-faftidieux
par les détails , de la prétenduë maniére dont ce Teftament a
été fait.   L'habilité du Teftateur , l'exactitude du Notaire , l'obfervation des formalités réquifes par l'Ordonnance , rien n'a été
oublié.   Pourquoi tant de précautions ? s'il étoit vrai que l'Acte
eût été paffé de bonne foi , il fe foutenoit par fes propres for-
ces , fans avoir befoin de fecours étrangers.   Mais le Sr. Hell
agité par le fouvenir importun de la conduite qu'il avoit tenuë,
trembloit d'en voir découvrir le myftère.   Pour s'affurer les
Témoins , dont il s'étoit fervi , il a fenti qu'il étoit de la plus
grande importance de les mettre dans le cas de ne pouvoir
parler contre lui , fans s'accufer eux-mêmes de faux & de parjure.   De faux , pour avoir figné un Teftament qui n'étoit pas
le fruit de la volonté du Teftatéur.   De parjure , pour avoir
foutenu en Juftice fous la réligion du ferment la vérité de cette
difpofition : Voilà la raifon pour laquelle l'information a été
groffie du détail répété des faits rélatifs à la confection du Teftament d'Ignace Jelfch.   Le Juge étoit fi férieufement occupé
d'affermir cet Acte chancelant , qu'il en a repréfenté la minute
aux Témoins pour la leur faire reconnoître & figner , quoique
cela n'eût aucun rapport à l'objet de fa procédure.

M.ᶜ Léonard Erhard , qui au tems de fa dépofition étoit
Vicaire de M.ᵉ Hell , Curé d'Hirfingen & Oncle du Greffier. Il
ne fait autre chofe du fait de fubornation , finon qu'il a ouï dire
par le maître d'école (à ce qu'il croit) qu'un Juif de Dürmenach , dont il ignore le nom , a cherché à corrompre les Témoins.   Cette déclaration ne prouve certainement rien contre
moi ; mais dans le compte que rend le témoin des circonftan-

ces du Teftament, il y a deux faits dignes d'attention. Il dit en premier lieu qu'Ignace Jelfch étant encore fur les champs, lui dépofant avoit été appellé pour le confeffer, & qu'il l'avoit trouvé très en état de le faire, & bien difpofé. Si l'yvreffe de Jelfch & fa chutte l'avoient laiffé dans la fituation que l'officieux Vicaire dépeint, rien ne périclitoit; l'on pouvoit commencer par le faire tranfporter chez lui, où les fecours fpirituels lui auroient été adminiftrés plus décemment. Il eft bien plus probable que l'on ne s'eft hâté de faire confeffer Jelfch, que parcequ'il étoit dans un état qui donnoit lieu de craindre, qu'il ne fut trop tard lorfqu'il feroit arrivé au village: & comme c'eft immédiatement après cette confeffion précipitée que le Teftament a été fait, comment pouvoir fe figurer que le Teftateur étoit capable de cette volonté libre, fi fpécialement requife dans les difpofitions de dernière volonté!

M.ᶜ Erhard dit en fecond lieu, que Jelfch lui a déclaré, qu'il avoit fait précédemment un Codicile, par lequel il avoit légué à fa femme l'ufufruit de fes biens; que fon intention étoit de lui en donner la propriété, & qu'il étoit fâché de ne l'avoir pas encore fait. Il femble que le Codicile & le Teftament de Jelfch foient de deux dattes bien éloignées l'une de l'autre, & que par des événemens furvenus pendant le tems intermédiaire, Gertrude Demuth, que fon mari dans un moment où il jouiffoit de tous fes fens, avoit crû avantager fuffifamment par un leg d'ufufruit, s'étoit renduë digne du don de la propriété: cependant il n'y a pas deux mois d'intervalle entre les deux difpofitions. Si Jelfch avoit effectivement parlé de fon Codicile au Vicaire, il en auroit auffi fait mention au Greffier, pour qu'il le rappellat dans fon Acte, le Teftament n'en dit mot. Que peut-on donc penfer du récit de M.ᶜ Erhard? qu'il a été prémédité pour corroborer l'ouvrage du SieurHell; mais cette précaution ne fert qu'à mettre le dol plus en évidence.

Sébaftien Litfchig, après avoir rendu hommage au Teftament, dit, que j'ai voulu lui perfuader qu'il étoit faux, mais qu'il m'a foutenu le contraire. Qu'étant revenu à la charge, il avoit perfifté dans fa premiere affertion. Que lui ayant re-préfenté qu'il ne pouvoit pas affurer la vérité de cet Acte, puif-qu'il avoit dormi pendant que le Greffier le rédigeoit; il m'a-voit dit que j'étois un menteur & un féducteur, & que lui dépo-fant n'étoit pas homme à fe laiffer fuborner. Cette dernière partie de la dépofition détachée de la premiere, feroit croire que j'ai tenté de féduire Sébaftian Litfchig, & que j'ai voulu l'engager à attefter la fauffeté du Teftament d'Ignace Jelfch; je ne lui ai cependant fait aucune propofition de cette nature. Dans toute la converfation que j'ai euë avec lui, je n'ai an-noncé d'autre deffein que celui de m'inftruire de la vérité. Si j'ai foutenu que le Teftament étoit faux, je le penfois ainfi, & je voulois fonder le Témoin à ce fujet; mais je ne lui ai tenu aucun propos qui pût tendre à le corrompre, & à lui faire faire une déclaration contraire à la vérité : la qualification de féducteur, dont il dit s'être fervi, étoit donc auffi déplacée dans fa bouche qu'elle l'eft dans l'information, vû qu'elle ne fe rapporte à aucun fait qui puiffe me convaincre de fubornation.

Philippe Guillaume maître d'école, eft celui que l'on a mis le plus en jeu; il eft donc à-propos de bien péfer fa dé-pofition, Il fait d'abord une apologie très-étenduë de l'exacti-titude de M.ᵉ Hell dans la rédaction du Teftament, dont il auroit pû, ainfi que les autres, certifier la fidélité en deux mots, dès que l'on avoit réfolu de placer ce *hors-d'œuvre* dans l'information. Il entre enfuite dans le détail des démarches que je dois avoir faites vis-à-vis de lui, pour l'engager à me donner une déclaration; quand on les aura examinées fans pré-vention, on fera furpris que le Bailly d'Hirfingen y ait trouvé la preuve du crime, dont je fuis accufé.

Je n'ai pas recherché le maître d'école Guillaume; il avouë qu'il s'eft rendu chez moi à Dürmenach fans que je l'en aie prié. Il eft vrai que j'ai profité de l'occafion pour lui demander de qu'elle manière les chofes s'étoient paffées, mais il n'y a rien de criminel dans cette queftion, elle étoit rélative au Con-feil que l'on m'avoit donné de m'inftruire de la vérité. Le

difcret

difcret Guillaume n'ayant rien voulu révéler cette premiere fois, je dois l'avoir mené dans la maifon de Fridolin Ettviller, où il y avoit de l'encre & du papier fur une table. A quel deffein avoit-on fait ces préparatifs? Étoit-ce pour porter le Témoin à donner une fauffe atteftation? Il convient lui-même que malgré toutes ces apparences de myftère, rélévées avec une affectation fufpecte, je ne lui ai encore propofé autre chofe, que de me donner par écrit, comment les chofes fe font paf-fées, & qu'il m'a répondu que c'étoit conformément à la teneur du Teftament. Il eft à-propos de faire ici une réflexion qui deviendra utile pour la fuite de cette dépofition. Lorfque j'ai demandé une déclaration à Guillaume, çà été dans la vûë d'ac-querir des éclairciffements pour combattre le prétendu Tefta-ment d'Ignace Jelfch: & comme à deux reprifes je n'ai voulu avoir de ce maître d'école que le récit de la vérité, il eft évi-dent que je croyois le Teftament faux, car fi j'avois penfé qu'il fût véritable, j'aurois demandé une chofe très-inutile pour moi, en exigeant le témoignage de ce qui s'eft paffé lors de la rédaction de cet Acte.

De retour à Hirfingen, Guillaume s'eft rendu dans la maifon de Sigismund Jelfch, où j'étois; je dois avoir voulu lui perfuader de déclarer le contraire non de la vérité, mais du contenu du Teftament d'Ignace Jelfch, & que ce particulier n'étoit fain ni d'efprit ni d'entendement lors de fes dernières difpofitions. Il ajoûte, que pour l'y déterminer, je lui ai dit que j'avois une confultation, & que deux autres Témoins avoient déjà certifié les mêmes faits. Quoique cette troifieme propofition foit conçuë en d'autres termes que les deux pre-mieres, elle revient abfolument au même, eû égard à la per-fuafion dans laquelle j'étois de la fauffeté du Teftament d'Ignace Jelfch; elle ne peut donc pas me faire envifager comme un corrupteur, car ce nom ne convient qu'à un homme, qui, quoique la vérité lui foit parfaitement connuë, veut néanmoins engager des Témoins à dire le contraire. Je dois encore avoir infinué au maître d'école Guillaume, que s'il vouloit fe prêter à ce qu'on défiroit de lui, on pourroit lui faire plaifir en d'autres occasions; que les Jelsch avoient des parents riches, qui étoient en situation de l'obliger au besoin. Après douze années de chagrins, je ne peux pas me rappeller si ce fait minutieux est vrai, mais en le supposant tel, je le crois bien indifférend. Si j'avois promis à Guillaume de lui donner une chose déterminée, dont la valeur ait pû l'étourdir sur le danger de faire sa déclaration, je serois un séducteur, si toute fois j'avois exigé de ce Témoin une fausse attestation; mais une promesse vague, de rendre service dans l'occasion, ne présente pas un attrait assez puissant, pour être considerée comme un Acte de Subornation.

Ce crime ne se forme de la part du Suborneur, que quand il achete la foi du Témoin par un interêt présent, & non quand il cherche simplement à se le rendre favorable par des espérances illusoires.

Après toutes ces épreuves, desquelles Guillaume s'étoit tiré heureusement, il est à croire qu'il a évité de se rencontrer avec moi; il s'est cependant encore exposé à la tentation, en se rendant chez Sigismund Jelsch, où il étoit assuré de me rencontrer. Ce qui s'est passé à cette dernière conférence est intéressant. Guillaume est convenu de toute l'intrigue, & a offert d'en délivrer le détail écrit & signé de sa main, à condition cependant que je lui garantirois les événemens, dont il étoit menacé, s'il encourroit la disgrace du Sr. Hell. Comme cette découverte remplissoit entièrement mon objet, qui ne consistoit pourlors que dans la recherche de la vérité pour ma propre instruction, je n'ai pas voulu accorder au maître d'école la garantie qu'il demandoit, & nous nous sommes séparés.

Je ne rends peut-être pas cette circonstance de fait dans les mêmes termes que le Témoin; mais un point sur lequel nous sommes d'accord, est qu'il m'auroit donné une déclaration si j'avois voulu pourvoir à son indemnité, & il ne faut que cela pour ma justification, ou du moins pour faire tomber la déposition de Guillaume. Sa déclaration devoit nécessairement contrarier la teneur du Teſtament, ſans quoi elle m'eût été foɩt inutile. Ou elle eût été vraie, ou elle eut été fauſſe. Dans le premier cas je ſuis lavé du crime que l'on m'impute, puiſque mes démarches n'ont tendu qu'à faire triompher la vérité. Dans le ſecond, Guillaume eſt un malheureux, qui révéle ſa turpitude, en convenant en face de la Juſtice qu'il auroit fait une fauſſe déclaration, ſi l'image des ſuites ne l'eût pas effrayé; il ne mérite donc pas que l'on s'arrête à ſa dépoſition.

Jean Biehlmann n'eſt pas du nombre de ceux qui ont ſignés le Teſtament; auſſi, dit-il, qu'il n'a aucune connoiſſance des faits de Subornation; mais il en rapporte un qui eſt digne d'attention. M.ᶜ Hell ſe trouvant à Dürmenach dans la maiſon du pere du Témoin, j'y ſuis allé pour le prier de paſſer chez moi, ſous prétexte que j'avois à lui parler. Il s'eſt refuſé d'abord à cette invitation, en diſant que je pouvois l'entretenir dans le lieu où nous étions; mais ſur les inſtances que j'ai faites il a conſenti à ſe rendre chez moi, & il s'eſt fait accompagner du Témoin. J'ai entamé la converſation, en le ménacant de faire caſſer le Teſtament d'Ignace Jelſch; Biehlmann n'en fait pas davantage, parcequ'il a déféré au ſigne que je lui ai fait de ſe retirer. Si la conduite de M.ᶜ Hell eut été exempte de reproches, ſeroit-il entré, malgré le premier mouvement de répugnance qu'il avoit fait paroître, dans la maiſon d'un homme qui l'accuſoit de prévarication? auroit-il ſouffert que je le ménaçaſſe hautement de détruire ſon ouvrage? auroit-il permis qu'au moment où commençoit cette ſcéne humiliante, je fiſſe ſortir la perſonne, dont il s'étoit fait accompagner? De mon côté ſi je n'avois joué que le perſonnage d'un infame ſéducteur de Témoins, aurois-je oſé faire la loi à mon Juge, en le forçant pour ainſi dire à ſe rendre chez moi? aurois-je pouſſé la témerité jusqu'au point d'accuſer cet Officier public, en ſa préſence & celle d'un Témoin, de malverſation dans ſon miniſtère? Il ne faut que ces circonſtances pour prendre une opinion juſte de la valeur du Teſtament d'Ignace Jelſch, & de la nature des démarches que j'ai faites pour me mettre en ſituation de l'attaquer.

C 2

Jean Thiébaut Jelſch dit, que perſonne ne s'eſt addreſſé à lui pour l'inviter à déclarer le contraire de ce qui eſt porté en cette diſpoſition; que ſi quelqu'un ſe fut hazardé à lui faire une propoſition pareille, il eût été mal reçu; il ajoûte enſuite, ce qu'il a ouï dire aux autres Témoins, au ſujet des déclarations que je leurs ai demandées, mais outre qu'il ne dépoſe pas, quant à ce, de ſa connoiſſance propre, il ne dit abſolument rien qui puiſſe être expliqué à mon déſavantage.

Jean Senguelin le vieux avance, que ſous prétexte de faire dégager ſon fils de la Milice, je l'ai attiré au cabaret. Que s'étant trouvé ſeul avec moi, je lui ai propoſé de me donner une déclaration, portant, que Jelſch n'a inſtitué ſa femme que pour l'uſufruit & non pour la propriété de ſes biens; mais qu'il m'a répondu, qu'ayant ſigné le Teſtament, il ne ſigneroit rien de contraire, attendu qu'il ne vouloit pas paſſer pour un coquin & un fripon. La manière dont ce Témoin dit qu'il s'eſt défendu, ne met pas le Teſtament à l'abri du ſoupçon, car il ſemble que Jean Senguelin n'eût pas été éloigné d'en révéler le vice, ſi cet aveu avoit pû ſe concilier avec la crainte dans laquelle il étoit de paſſer pour un fripon capable de ſigner deux actes contradictoires. Au reſte quel que puiſſe avoir été l'opinion du Témoin ſur le Teſtament, dont il s'agit, j'ai démontré que la mienne étoit que cette dernière diſpoſition étoit l'œuvre du manége & de l'intrique, d'où il réſulte, qu'il n'y a rien de criminel dans les démarches que j'ai faites pour l'anéantir; Senguelin ajoute que j'ai cherché à le gagner, en lui perſuadant que d'autres Témoins m'avoient déjà donné leurs déclarations: c'eſt préciſement ce qui prouve que je ne lui demandois que le témoignage de la vérité; car dès que je voulois l'encourager par l'exemple des autres, il eſt ſenſible que je ne lui propoſois cet exemple, que pour lui faire connoître que le ſecret du Sr. Hell étant déjà trahi, il ne courroit aucuns riſques en le révélant.

Morand Seyler eſt encore un de ceux du Teſtament, dont il atteſte la fidélité; il ignore ſi j'ai demandé ou obtenu des déclarations contraires à ce qu'il contient, & il aſſure qu'il n'en auroit donné de pareilles à qui que ce fût.

Jean Schumacher dit, qu'ayant été invité par Sigismund Jelch à palfer chez lui, il m'y a trouvé. Que je lui ai demandé de quelle manière les chofes s'étoient paffées lors du Teftament d'Ignace Jelfch? à quoi il a répondu, que c'étoit conformément à ce qui eft tracé dans fes dernières difpofitions. Il n'y a rien dans ce début qui prouve que mon intention étoit de fuborner; en tout cas je m'y ferois pris bien mal-adroitement; car je n'ignorois pas ce que contient le Teftament: or fi j'avois penfé que les déclarations, que je demandois, dûffent être contraires à la vérité, je n'aurois pas commencé par mettre les Témoins dans le cas de confirmer la fidélité de l'Acte, puifque c'eût été les rendre néceffairement plus difficiles à fe laiffer féduire. Le Témoin pourfuit, en difant, que j'ai voulu l'engager à me donner par écrit, que lors de fon Teftament Ignace Jelfch n'étoit pas fain d'efprit & d'entendement, qu'il étoit yvre & incapable de tefter; mais qu'il m'a refufé, parcequ'il eût ( dit-il, ) attefté faux. Il ajoute qu'il a effectivement donné une déclaration écrite & fignée de fa main, laquelle ne doit rien contenir, qui puiffe faire fufpecter la foi du Teftament.

Lorfque Schumacher a dépofé, fa déclaration étoit entre mes mains, & j'étois abfent. Ce particulier n'a pas crû devoir convenir en la Juftice d'Hirfingen, qu'il m'avoit découvert le vice du Teftament d'Ignace Jelfch, parceque cet aveu lui auroit infailliblement attiré des perfécutions. Il eft cependant certain, que l'écrit qu'il m'a donné, révéle tout le myftère. Comme il eft joint au procès, le Confeil y verra qu'elles étoient les difpofitions de corps & d'efprit du Teftateur. Quant à moi, je n'ai ufé ni des rufes, ni de violences envers Schumacher, je ne lui ai fait ni menaces ni promeffes; je lui ai demandé la vérité, & il me l'a manifeftée; je ne fuis donc point coupable de fubornation.

Jacques Jenny dit, qu'il ignore fi j'ai voulu corrompre des Témoins, que je ne lui ai iamais parlé, & qu'il a donné une déclaration à Sigismund Jelfch.

Voilà tout ce qui réfulte de l'information pour la preuve du fait énoncé en la Requête de Plainte du Procureur-Fifcal : les autres Témoins ne parlent que de ce qu'ils ont ouï dire à ceux, dont je viens de rapporter les dépofitions.

De quoi fuis-je accufé ? d'avoir voulu corrompre les Témoins qui ont fignés le Teftament d'Ignace Jelfch : c'eft donc la réalité de cette corruption, qui forme le corps du délit. Si j'en fuis convaincu, il eft jufte de me punir ; mais fi au contraire il n'y a rien dans ma conduite, qui caractérife le crime de fubornation, la procédure du Bailly d'Hirfingen n'eft qu'un tiffû de vexations d'autant plus repréhenfibles, que l'on a abufé du nom & de l'autorité de la Juftice pour me perdre, & que fous prétexte de venger le public d'un attentat fuppofé, l'on n'a agi, que pour contenter des paffions particulières.

La marche que j'ai tenuë vis-à-vis des Témoins, n'eft guerre propre à me faire envifager comme un fuborneur ; car pour pouvoir croire que j'ai eû l'intention de les féduire, il faudroit fuppofer, que quoique je connuffe la fidélité du Teftament d'Ignace Jelfch, j'ai néanmoins voulu les porter à en rendre un témoignage oppofé : mais en ce cas je n'aurois pas débuté en leur demandant de quelle manière les chofes s'étoient paffées. Ils conviennent tous cependant que çà été ma première queftion. Tout fembloit concourrir pour prouver la fauffeté de l'Acte, qui étoit l'objet de mes perquifitions ; j'efperois que les Témoins feroient fincères ; je ne penfois donc pas avoir autre chofe à leur demander, que la façon dont cet Acte avoit été fabriqué.

Il eft vrai que j'ai invité les Témoins à me donner des déclarations contraires à fa teneur, mais on ne m'en fera pas un crime, fi l'on ne perd pas de vûë l'opinion dans laquelle j'étois, & qui s'étoit encore fortifiée par la confeffion de Jean Schumacher, & celle du maître d'école Guillaume, qui m'auroit, comme l'autre, donné un témoignage écrit de la vérité, fi j'avois voulu lui garantir les fuites de l'indignation du Sr. Hell.

Au reſte je veux bien me prêter pour un moment aux préſomptions, que la loi établit en faveur du Teſtament d'L gnace Jelſch : je ſuppoſe même contre l'évidence , que j'aie demandé ſciemment de fauſſes atteſtations aux Témoins ; encore n'y auroit-il rien en cela qui pût me faire déclarer coupable du crime de Subornation.

Suborner un Témoin, c'eſt faire violence aux ſentimens naturels qui le portent au bien ; c'eſt lui tendre des piéges capables de l'induire au parjure; c'eſt lui ôter la liberté morale d'être honnet homme , en mettant aux priſes de ſon ame la paſſion de l'interêt avec les ſentimens de la droiture & de la probité.

Ai-je fait quelque choſe de ſemblable? peut-on me convaincre d'avoir fait des préſents ? il n'y a pas un Témoin qui m'accuſe de lui avoir propoſé la moindre choſe. J'ai peut-être offert du vin à ceux qui ſont venus chez Sigismund Jelſch ou ailleurs, parcequ'il y en avoit ſur la table, mais ſont-ce là des largeſſes, qui puiſſent me convaincre d'avoir voulu les corrompre ?

Ai-je fait des promeſſes? le maître d'école Guillaume dit, que je lui ai fait entrevoir que les Jelſch avoient des parens riches, qui pourroient lui rendre ſervice, mais il n'oſe pas avancer que je lui aie rien promis de déterminé. Cependant ſi on veut ajoûter foi à ſa dépoſition , c'eſt lui qui a eſſuyé le plus grand nombre d'aſſauts; il a été recherché & mandé à pluſieurs repriſes ; il a eû à ſe défendre contre des inſtances & ſollicitations réiterées. Si mon deſſein eût été de le captiver par l'interêt, après l'avoir amené à mon but, comme il l'avouë lui-même, j'aurois achevé ſa défaite en lui préſentant un objet certain, capable d'étouffer ſes derniers remords. Je n'ai pas voulu néanmoins lui promettre ſeulement de l'indemniſer des pertes qu'il avoit à craindre: eſt-ce là le caractère de la ſéduction.

On ne ſuborne des Témoins, que pour ſe procurer une preuve favorable dans une conteſtation formée. Or quand j'ai fait des queftions auxTémoins numéraires du Teftament d'Ignace Jelfch, il n'y avoit ni plainte engagée fur l'infidélité de cette dernière difpofition, ni occafion connuë de dépofer à mon avantage. Dira-t-on que je cherchois à m'affurer des preuves pour attaquer l'Acte que je foupçonnois faux : fi telle eût été mon intention, j'aurois été le plus grand imbécille de m'être addreffé aux Témoins teftamentaires.

En effet, que pouvoit-il réfulter en ma faveur de la fubornation de ces Témoins ? ils avoient concourrû à donner une forme légale aux difpofitions de dernière volonté d'Ignace Jelfch ; leur foi étoit engagée irrévocablement par leurs fignatures ; ils ne pouvoient fe rétracter fans s'accufer coupables de faux, & par - là même leurs dépofitions étoient impuiffantes pour la réuffite de mon projet. Quoi ! j'aurois commis avec réflexion un crime inutile ; j'aurois risqué mon état, ma liberté, ma fortune en cherchant à fuborner des perfonnes, dont le témoignage ne m'eût fervi à rien ! il n'y a que la plus aveugle prévention qui puiffe fuppofer un forfait de cette nature.

La vérité eft, que pour me conformer aux inftructions que j'avois reçûës, j'ai voulu favoir qu'elles avoient été les difpofitions de corps & d'efprit du Teftateur, & de qu'elle manière le Teftament avoit été fait. Si j'ai demandé aux Témoins des déclarations, mon deffein n'a jamais été d'en faire ufage en Juftice, j'étois affez inftruit, pour en connoître toute l'inutilité. Je me propofois feulement de les faire paffer fous les yeux de mon Confeil, pour qu'il m'apprît fi les faits révélés pouvoient fervir de fondement à une infcription de faux.

Il n'y a eû dans mon fait ni volonté de fuborner, ni fubornation effective : la procédure pêche donc par la racine, puisqu'elle ne préfente aucun corps de délit. Elle eft nulle, calomnieufe, vexatoire, & le Juge qui a eû la facilité de l'inftruire, me doit un dédommagement proportionné à tous les maux qu'il m'a fait foufrir.

Je

Je suis Juif, il est vrai ; mais je suis homme & citoyen, & à ce double titre la Justice me doit son appui. Mon honneur, mon état, ma fortune sont sous sa protection, je n'ai cependant plus rien de tout cela. Mon honneur est flétri par une fausse accusation ; le Jugement, qui me condamne aux galéres à perpétuité, m'enléve mon état, & ma fortune est dissipée par les frais immenses, que j'ai été obligé de faire pour parvenir à ma Justification. Qu'elle est la source de tous ces malheurs ? c'est la fatale ardeur, avec laquelle le Bailly d'Hirsingen s'est livré à la poursuite d'un crime imaginaire, c'est donc à lui à les réparer.

L'amour de l'ordre & le soin de la vindicte publique n'ont eû aucune part à cette odieuse résolution ; car si la Justice d'Hirsingen eût été entrainée par des motifs aussi purs, elle auroit porté sa premiere attention, à éclairer la conduite d'un Greffier accusé de prévarication dans son ministère. La bonne régle vouloit même que l'on commençat par-là, puisque la réalité du crime, qu'on m'imputoit, dépendoit presqu'entièrement de la question de savoir, si le Testament d'Ignace Jelsch étoit faux ou non. On dira peut-être que la fausseté de cet Acte n'ayant été proposée en Justice que narrativement, il eût été prématuré d'en instruire ; soit. Mais de quelle façon Gertrude Demuth m'a-t-elle taxé d'avoir voulu corrompre des Témoins ? a-ce été par forme de plainte, d'accusation ? a-t-elle demandé qu'il en fût informé ? son dire à cet égard est couché dans la Sentence du 14.ᵉ Juillet 1759. il suffit d'en prendre lecture pour être convaincu qu'elle ne désiroit rien moins qu'un procès à l'extraordinaire. Son titre n'étoit pas attaqué en régle, il n'y avoit pas de preuves à faire pour en soutenir ou en ébranler la foi, il étoit donc bien indifférent pour les interêts de cette femme, que l'on eût voulu suborner les Témoins numéraires, puisque dans l'état actuel des choses le Testament de son mari suffisoit pour lui assurer Gain de Cause.

Par qu'elle raison le Bailly d'Hirsingen a-t-il donc ouvert a scène tragique, dont j'ai été la victime ? s'il avoit statué sur les conclufions civiles des parties, j'aurois appellé de fa fentence au Confeil, où je me ferois infcrit en faux contre le Tefta-ment. C'étoit la marche qui m'étoit indiquée par une confultation jointe à mes piéces. M.ᵉ Hell, de qui j'étois déjà connu par deux victoires remportées fur lui, a redouté d'entrer en lice avec un adverfaire de ma façon, dans un cas où il avoit tout à craindre ; voilà le véritable motif, qui a fait jurer ma perte.

Sigismund Jelfch étoit chargé comme moi, & s'il pouvoit réfulter de la procédure une apparence de fubornation, je dirois avec confiance, que ce particulier feroit le plus coupable. C'eft lui qui a envoyé chercher les Témoins ; c'eft dans fa maifon que je leur ai parlé ; il a voulu donner au maître d'école Guillaume une Garantie que je lui avois refufé : il n'a cependant été condamné qu'à l'admonition, & je l'ai été aux galéres perpétuelles. Pourquoi cette monftrueufe différence ? C'eft que l'on comptoit plus fur la docilité de Sigismund Jelfch que fur la mienne. La fuite a fait connoître que l'on ne s'étoit pas trompé ; Jelfch a fait fignifier, tant en fon nom, qu'en celui de fes conforts un Acte d'acquiefcement à la Sentence, qui adjuge à Gertrude Demuth la fucceffion de fon mari, conformément à fes dernières difpofitions.

Pour prix de cette complaifance M.ᵉ Hell lui a cédé une portion de maifon dépendante de la fucceffion d'Ignace Jelfch ; la date de la ceffion qui fera produite, fe rapporte à celle du déport, que l'on n'aura pas manqué de joindre au procès.

Les Co-héritiers de Sigismund Jelfch ont défavoué une démarche, à laquelle ils n'ont eu aucune part, & ils n'attendent que mon élargiffement pour introduire leur appel, & arguer de faux le Teftament de leur frere défunt.

Après ce qu'on vient de lire, on ne m'accufera pas d'inconfidération & de témérité, pour avoir dit, que le manége & l'intrigue fe manifeftent de toutes parts en cette malheureufe affaire. J'ai fait connoître la pureté de mes vûës & l'innocence de mes actions, je n'ai ni forcé ni séduit perfonne; les Tribunaux de la Juftice n'ont pas été fouillés par de faux témoignages; elle n'entendra jamais, & elle ne peut pas même entendre les Témoins avec lefquels j'ai eû des conférences, puifqu'ils ne font pas admiffibles à dépofer contre le Teftament d'Ignace Jelfch, qui eft en partie leur ouvrage : cependant je fuis retranché de la fociété comme un infame Suborneur.

Le Confeil a fous fes yeux l'affemblage des preuves qui m'ont fait effuyer cette humiliante profcription ; j'attens avec tranquilité qu'il prononce ; & fi le cri de ma confcience ne me trompe pas, je dois efpérer de fa Juftice une fatisfaction auffi éclatante, que l'a été le triomphe de mes ennemis pendant douze années de perfécutions.

*Signé* SALOMON ULLMANN.

*A COLMAR,*

De l'Imprimerie de J. H. DECKER, Impr. du Roy & de Noff. du Conf. Souv. d'Alface.